LETTRE

AUX

ADMINISTRATEURS

DU DÉPARTEMENT

DE LA MARNE

AUX
ADMINISTRATEURS
DU DÉPARTEMENT
DE LA MARNE.

Cᴵᴛᴏʏᴇɴs,

Jᴇ viens de lire votre réclamation *contre la surcharge qu'éprouve le département de la Marne, dans le répartement de la contribution foncière depuis 1791,* et j'ai regretté de n'avoir pas connu plutôt cet ouvrage, qui porte le caractère de la méthode et de la clarté.

J'ai été sur-tout frappé de la conformit
de ses résultats , avec ceux que j'ai obtenu
en développant une théorie de l'impôt , don
l'idée m'était venue en 1791 , lorsque l
comité des impositions présenta à l'assemblé
constituante le projet de répartition de l'imp
foncier entre les 83 départemens.

La lecture du rapport m'avait prouvé qu
le comité , loin d'adopter une théorie fonde
sur le principe, *de l'égalité de contributic
entre les citoyens , en raison de leurs revenu.*
et de chercher ce but en s'appuyant sur u
base simple et invariable , s'était au contrai
échafaudé sur les ruines de l'ancien systêm
des impositions que l'assemblée venait c
détruire ; il semblait oublier que les pri
lèges des provinces avaient été solemne
lement anéantis , et qu'il fallait ramener
niveau entre les pays d'états , dont l'imp
sition était si légère , et les pays d'électio
travaillés si savamment en impôts fonciers,
surchargés encore de toute la série des imp
indirects.

(5)

Le comité, adoptant sans critique le travail qui lui était fourni par les bureaux du ministre des finances, auquel il prodiguait des éloges, présenta pour base de sa répartition, le fastueux exposé des charges des ci-devant provinces, sans examiner si cette charge avait été proportionnée à la matière imposable vraie; il semblait conclure de ce qu'on avait payé, qu'on pouvait payer encore, et il prétendait se justifier auprès des pays ci-devant élections, en exaltant la suppression des impôts indirects; il aurait voulu qu'ils tinssent compte aux ci - devant pays d'états d'un bénéfice que ceux-ci ne partageaient pas, puisqu'ils n'avaient pas supporté avec eux le poids de ces impôts.

Ce grossier sophisme fut accueilli par les députés des départemens intéressés; on chercha à persuader aux autres que le temps amenerait une plus juste répartition. Le comité promit des dégrèvemens, et sur-tout il insista sur l'urgence de la répartition. Eh ! pourquoi avait-on tant tardé à la proposer ?

C'est ainsi qu'il parvint à faire adopter l[e]
projet de répartition sans discussion. (*Voye[z]*
le procès-verbal du 17 mai 1791.)

La parole fut ôtée à ceux qui venaie[nt]
pour combattre le projet. L'amendement d[e]
Ramel fut seul entendu, il obtint qu'aucu[n]
citoyen ne paierait au-delà du cinquièm[e]
de son revenu.

Vous avez sans doute reconnu par l'ex[-]
périence combien cette disposition est
lusoire, puisque la somme répartie au dé[-]
partement excède le cinquième de sa matiè[re]
imposable. Cependant, c'est encore sur ce[tte]
disposition que vous appuyez la justice d[es]
réclamations du département, et vous in[-]
voquez cette loi si sage au moment où l[e]
ministre *Ramel* propose de la rapport[er.]

J'avais toujours pensé qu'il ne suffisait p[as]
en matière d'imposition de prouver qu'[un]
département est surchargé, qu'il faut enco[re]
prouver au législateur qu'un autre dépar[te-]
ment n'est pas imposé au taux de ses facult[és,]
qu'ainsi en reportant le dégrèvement de l['un]
sur l'autre, il en résulte une répartiti[on]
juste et égale.

Telle était la pensée qui me détermina à chercher une théorie de répartition de l'impôt entre les départemens, simple et indépendante des déclarations, classifications et évaluations, avec lesquelles une administration départementale fera assez bien la répartition de l'impôt entre les communes, mais dont le résultat ne peut former un motif de comparaison exacte des forces réciproques des départemens, parce que chaque département réclamant est toujours soupçonné d'avoir atténué l'exposé de ses ressources.

Le cadastre général serait sans doute la base d'une bonne répartition ; mais son exécution, lente et dispendieuse, ne nous laisse pas encore entrevoir l'époque où nous en jouirons : d'ailleurs, ce cadastre sera-t-il aussi exact dans l'évaluation des propriétés que dans la mesure de leur étendue ?

C'est pour suppléer au cadastre que j'ai cherché dans les notions dont j'étais entouré, sur l'étendue et la population de la France, une combinaison qui fût aussi certaine dans ses résultats, que simple dans ses élémens,

Bientôt je m'assurai que *la population appliquée à l'étendue territoriale*, donnai une évaluation exacte de la valeur du sol de ses produits, et des ressources d'un département. Le calcul étendu sur les 83 départemens a prouvé que par-tout la population est en raison du produit de la terre ; qu'ainsi en prenant la population pour base , et répartissant l'impôt foncier par tête , cet impôt s'appliquait ensuite au territoire, dans la proportion la plus juste : car s'il faut dans un département six arpens pour un homme, c'est que ces arpens sont d'un produit moindre que ceux où il n'en faut que trois.

On peut donc poser en principe que le taux commun de l'individu, pour toute la France, doit donner la base d'une juste répartition.

Cette proposition , pour être parfaitement saisie , aurait besoin d'un plus long développement ; mais , n'ayant pour but en ce moment que de vous proposer ma théorie, je pense que l'exemple la fera suffisamment sentir : ainsi, je passe à l'exemple , et j'indiquerai, d'après elle, quelle somme d'impôt foncier aurait dû supporter le département de la Marne, au lieu de celle dont il a été surchargé en 1791.

L'étendue du département de la Marne est de 2,560,000,000 toises quarrées, qui donnent environ 1,850,000 arpens, mesure de 100 perches, la perche à 20 pieds.

La population, d'après les états fournis au Comité de division en 1790, par l'administration départementale, est de 296,000 individus. (1)

Ainsi chaque individu représente une propriété de 6 arpens $\frac{1}{4}$.

L'impôt foncier reparti en 1791, (2) est de 4,151,800 livres, qui, divisé par la population de 296,000 liv. donne par individu, un taux commun de 14 liv. 10^d $\frac{1}{2}$.

Si chaque individu taxé à 14 liv. 10^d $\frac{1}{6}$, représente la propriété de 6 arpens $\frac{1}{4}$, l'impôt de chaque arpent est donc de 2 liv. 4^s 10^d $\frac{1}{2}$.

---

(1) 1,850,000 liv. divisé par 296,000, donne 6 $\frac{1}{4}$.

(2) Avant le dégrèvement.

Voyons ensuite quel aurait dû être le taux
commun par individu dans les quatre-vingt
trois départemens, et par suite, la somme à
répartir à chaque département.

La population des quatre-vingt-trois dé
partemens, d'après les états fournis en 1790
au Comité de division, par les administra
tions départementales, s'élève à 27,400,00
individus.

L'impôt foncier à répartir sur ces quatre
vingt-trois départemens, était de 240,000,00
liv., qui, divisés par la population, donn
un taux commun de 8 liv. 15^s 2^d $\frac{74}{137}$, par têt

Appliquez ce taux commun à la populatio
du département de la Marne, et vous trou
verez que son imposition ne s'élèvera qu
2,593,375 liv. 18^s, et le taux commun c
l'arpent ne sera plus que de 1 liv. 8^s $\frac{60}{137}$
de denier.

L'impôt foncier réparti en 1791, était po
le département de la Marne, de 4,151,8
liv. ; il ne doit être, d'après le taux co

mun à adopter pour toute la France, que
de...................... 2.593,375ʰ 18ˢ.

Différence... ... 1,558,425ʰ 2ˢ

Ce résultat serait sans doute regardé par
les personnes en défiance, contre les
théories nouvelles, comme un hazard heu-
reux qui ne prouverait rien pour l'opération
générale, s'il n'était appuyé par les calculs
faits pour tous les départemens, et par sa
conformité avec celui que vous avez
présenté pour le département de la
Marne : votre travail devient une démonstration de ma théorie, parce qu'il arrive
u même but, en partant d'un autre extrême.
C'est par la connaissance du revenu que vous
avez fixé la somme de l'impôt que j'indique
avec la même certitude par la population.

Le rapprochement des deux bases donne
des résultats tellement voisins, que la dif-
férence en serait à peine sensible dans l'ap-
plication. En effet, le cinquième du revenu net est ce que, d'après la loi de 1791,

doit payer le département, et vous portez c
cinquième à la somme de 2,515,686 liv. Di
visez cette somme par la population d
296,000 , vous aurez un taux commu
de 8 liv. 9^s 11^d $\frac{1}{2}$ par tête pour le d
partement, au lieu de 8 liv. 15^s 2^d $\frac{76}{137}$, q
me paraît être le taux commun pour toute
France.

Je n'entreprendrai pas de prouver une a
sertion qui a déjà été répétée par tous ce
qui ont médité sur l'impôt, que la popul
tion est toujours en raison de la fécond
de la terre ; il faudrait pour en donner
démonstration, des calculs que je n'ai p
sous les yeux, un exemple suffira pour
donner l'idée , et sera une preuve
vice de la répartition de 1791.

Le département du Nord, (ci-dev
Flandre), n'a d'étendue que 277 lie
quarrées, et cependant sa population
559 949 individus, son taux commun
tête, 9 liv. 5^s.

La Marne. { Étendue......... 404 lieues.
Population... 296,000 individus.
Taux commun par tête... 14 liv.

Je me rappelle encore que dans le département de l'Ain , dans toute la ci-devant
Bretagne et autres, le taux commun ne s'élève
pas à 5 liv. par tête.

Il est facile de démontrer que la majorité
des départemens ne paie pas à beaucoup près
ce qu'ils devraient payer , tandis que d'autres
sont surchargés. Que le dégrèvement deman-
dé par le département de la Marne est une
justice , non-seulement parce que la somme
de 2,550,000 liv. est environ le cinquième
de sa matière imposable ; mais encore parce que cette somme est celle qu'il doit por-
ter d'après le taux commun fixé sur la base
connue de la population , cette base est la
seule qui puisse donner une évaluation exacte
et comparative des produits de son sol.

Je ne donnerai pas plus d'étendue à l'ex-
positon de cette idée , quoique je sente combien elle manque des développemens néces-

saires ; mais j'écris à la hâte, éloigné des
matériaux et des calculs ; j'espère un jour
reprendre cette importante question, et prouver ma proposition par le tableau de répartition entre tous les départemens, comparé
avec la très-vicieuse répartition de 1791.

Du 15 germinal an 5

J.-B. PINTEVILLE-CERNON

À CHAALONS, DE L'IMPRIMERIE DE MERCIER